AF295898

Ye

3590

M. LEBRUN

PREMIER PEINTRE

DU ROY.

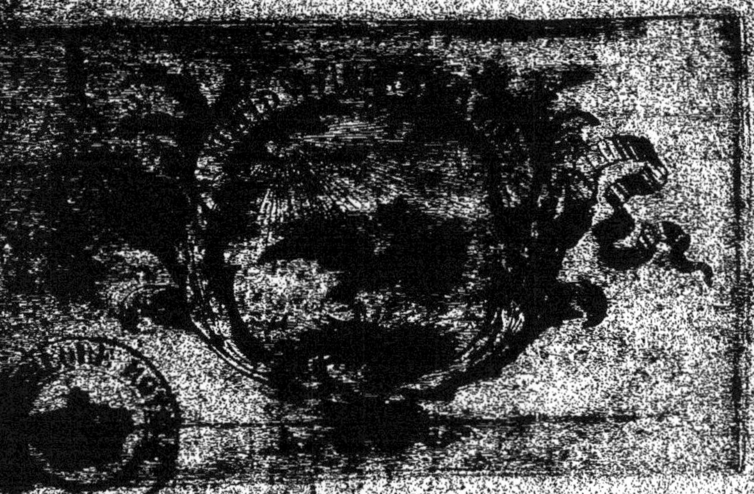

A PARIS,

De l'Imprimerie de PIERRE LE PETIT, Imprimeur
& Libraire ordinaire du Roy, & de l'Académie
Françoise.

M. DC. LXXXIII.

Avec Permission.

ODE

A M. LE DUC

PREMIER GENTILHOMME

DU ROY

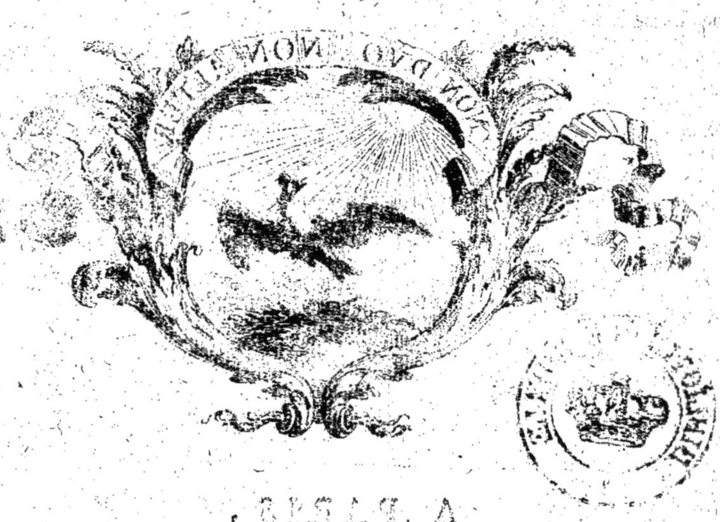

A PARIS

De l'Imprimerie de Prault, la Veuve, Imprimeur
et Libraire ordinaire du Roy, et de l'Académie
Royale.

M. DCC. LXXXIII

D. MIGNARD

Super Ode

D. D. LEBRUN

PRIMARIO REGIS PICTORI

dicatâ.

Talia pingendi Pictoribus, atque Poëtis.
Talia scribendi non fuit iste modus.
Iußit Alexander ne quis se præter Apellem
Pingeret, ut factis non minus esset opus :
Ast ipsum Pictor nunquam est conatus Apellem
Pingere, nemo aufus, ne foret ipse minor.
Brunnius unus erat, Regem qui pingeret : at qui
Brunnum, Mignardus, pingeret unus erat.

A. T. Du Pollet, Prior.

EIDEM.

Pingere si libeat Mignardo ; aut condere versus ;
Eximium nobis exhibet artis opus.

L. Poirier D. M. P.

A ij

A MONSIEUR LEBRUN.

Sur son Eloge

fait par Monsieur MIGNARD.

DE ton pinceau j'ay vanté la beauté,
Tes Ché-d'œuvres souvent ont grossi mon
　　histoire;
Mais pour t'assurer mieux de l'immortalité,
Et faire vivre ta memoire,
Un MIGNARD la consacre à la posterité.

Par l'Auteur du M. G.

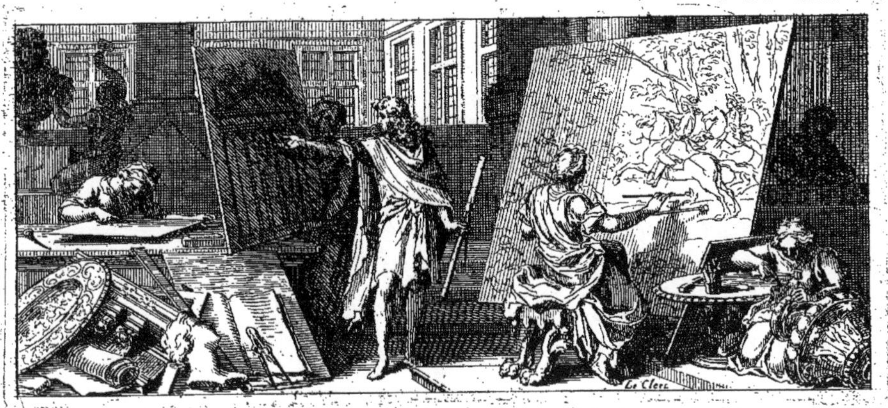

ODE.

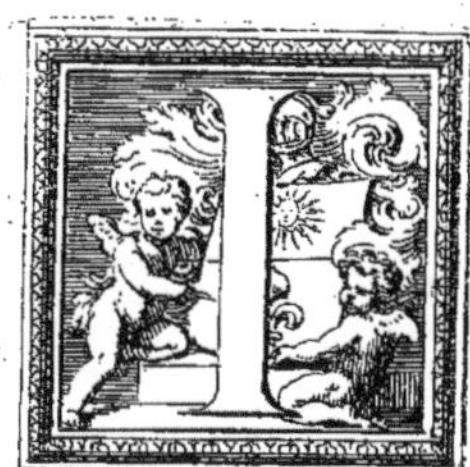

Ncomparable Genie,
Dont la force & la beauté
Rendent la gloire ternie
De toute l'Antiquité ;
Grand LEBRUN, Esprit
sublime,
Si le beau feu qui m'anime,
Peut imiter ton pinceau,
Par des traits inimitables
De tes talents admirables
Ie formeray le tableau.

A iij

Au front de ce temple auguste
Où regnent les demi-Dieux
Ton nom celebre, et ton buste
Tiendront un rang glorieux
Je consacreray mes veilles
A publier tes merveilles
Dont l'eternel souvenir
Rendront ta gloire immortelle,
Et moy ton Echo fidelle
Dans tous les temps à venir.

ODE

Vous qui m'inspirez l'audace
D'un si glorieux dessein,
Cheres Filles du Parnasse,
Venez conduire ma main,
Venez tracer une image,
Qui soit digne de l'hommage,
Qu'on doit au fameux LEBRUN,
Et pour des talens si rares,
Ne me soyez point avares
De vostre plus doux parfum.

Ce noble & vaste Genie
N'en trouve point aujourd'huy,
Que sa science infinie
Ne range au dessous de luy.
Sçavans d'Athene, & de Rome
Du pinceau de ce grand Homme
Vous seriez tous éblouïs.
Comment pourriez-vous défendre
Vostre Apelle d'Alexandre
Contre celuy de LOUIS?

Ie sçay combien il honore
Vostre auguste antiquité,
Et l'éclat qu'il donne encore
A vostre immortalité;
Ie sçay qu'à vostre memoire
Il cede toute la gloire
Des beaux chef-d'œuvres qu'il fait;
Mais estant ce que vous fustes,
Il sçait tout ce que vous sçûtes,
Vous sçûtes moins qu'il ne sçait.

J'en voy les illustres marques
Dans ces Tableaux precieux,
Dont le plus grand des Monarques
Fait le plaisir de ses yeux;
Quelque sujet qu'il exprime,
Ce pinceau qui tout anime,
A mille charmes divers;
Et ces nobles avantages
Sont mieux peints dans ses ouvrages,
Qu'ils ne seront dans mes vers.

Que Raphael & Carrache
Nous vantent leur beau dessein,
Et que chaque siecle tasche
D'imiter leur docte main;
Que Titien & Correge
Disputent du privilege
Du peindre, & du coloris;
LEBRUN au siecle où nous sommes,
Surpassant tous ces grands hommes
Remporte luy seul le prix.

Mais

Mais c'eſt en vain qu'à ſa gloire
Ie conſacre mes efforts,
Que des filles de memoire
I'unis les plus doux accords,
Les charmes de ſa peinture,
Qui font honte à la nature,
Ont tout un autre pouvoir;
Et ce qu'un jour noſtre hiſtoire
Aura peine à faire croire,
Son pinceau le fera voir.

Sur ces batailles fameuſes,
Que la compoſition
Ne rend pas moins merveilleuſes,
Que la noble expreßion,
Mille artiſans on employe,
Dont les traits d'or & de ſoye
Font un tiſſu precieux,
Qui marque en mille copies
Les loüanges infinies
De ce Peintre ingenieux.

B

Déeſſe de l'induſtrie,
Vous dont l'eſprit forcené
Fit éclater tant d'envie
Sur la ſçavante Arachné ;
Pourrez-vous ſouffrir ſans honte
Qu'un tas d'ouvriers ſurmonte
Vos plus achevez travaux.
Penſiez-vous dans voſtre rage
Un jour ceder l'avantage
A tant & de tels rivaux ?

Cette belle & juſte idée
Qu'il a de tout l'Univers,
Par ſa main eſt ſecondée
De tous les talens divers.
Ne le fait-il pas comprendre
Dans l'hiſtoire d'Alexandre,
Et dans celle de LOÜIS,
Où ſon pinceau repreſente
D'une maniere ſçavante
Tous leurs exploits inoüis ?

C'est là qu'on voit le merite
De cet Apelle nouveau,
Dont le sçavoir sans limite
Fait triompher le pinceau.
C'est là que ce grand Genie
A la couleur joint la vie,
Animant les paſsions,
Et donnant à sa peinture
Les mouvemens que Nature
Fait voir dans les actions.

Heureuse main, si feconde
En des projets éclatans,
Dont l'adreſſe sans seconde
Brave l'injure des temps ;
En vain deviens-tu rapide,
Pour tracer de noſtre Alcide
Et la gloire & les haut-faits ;
Quelque zele qui t'excite,
Ses conqueſtes vont plus viſte
Que tu ne vas par tes traits.

B ij

Ie le voy peint, ce me semble,
Ce Monarque glorieux,
En qui la Nature assemble
Ses dons les plus precieux ;
Je voy l'éclat de ses armes
Joint à celuy de ses charmes,
Qui redouble sa beauté,
Jamais le Dieu de la Thrace
Ne fit briller tant de grace,
Parmy tant de Majesté.

La victoire toûjours preste
A suivre ses grands desseins
Offre plus d'une conqueste
A ton genie, à tes mains ;
Mais quelque bruit qu'elle fasse,
Quoy que ton pinceau nous trace
Du plus fameux des Vainqueurs,
Sa gloire si loin semée
Lassera la renommée,
Et tarira tes couleurs.

Ouy quelque effort que l'on fasse
Pour étaler ses lauriers,
Le nombre qu'il en ramasse,
Fait honte aux plus grands Guerriers.
Jamais l'histoire passée
N'offrit à nostre pensée
De Heros si glorieux,
Et ce qu'on lit dans l'histoire
De plus difficile à croire,
LOüIS le montre à nos yeux.

Ny les glaçons, ny les digues
N'arrestent jamais ses pas,
Toute la force des ligues
Sert de joüet à son bras ;
Au seul bruit de son tonnerre
Tous les peuples de la terre
Sont si fort épouvantez,
Que pour éviter sa foudre
Sans peine on les voit resoudre
A reclamer ses bontez.

B iij

Pour luy les saisons sont calmes,
L'hyver est un doux printemps,
Qui luy fait naistre des palmes
Malgré l'injure des temps,
Son bras fertile en miracles
Sçait vaincre tous les obstacles,
Rien ne resiste à son fer ;
Et quelque effort qui s'oppose,
C'est pour luy la mesme chose,
Venir, voir, & triompher.

N'est-ce pas luy qui doit estre
Par un oracle certain,
Le successeur & le maistre
Du throne de Constantin ?
N'est-ce pas cet Invincible,
A qui rien n'est impossible,
Et qui par ses grands exploits
Ira droit sur les Mosquées,
Pour remplir ses destinées,
Planter les Lys & la Croix ?

A l'ardeur de son courage
Tant de peuples sont soumis,
Que pour vaincre davantage
Il va manquer d'ennemis,
Et la discorde, & la rage,
Qu'il a mis dans l'esclavage
N'oseront plus desormais
Approcher de nostre France,
Où l'on gouste en assurance,
Et le repos, & la paix.

L'Aigle qui d'un vol rapide
S'élevoit jusques aux Cieux,
Aujourd'huy foible, & timide
N'ose plus lever les yeux.
Le Lion remply d'audace
N'ose sortir de sa place,
Et son trouble est sans pareil ;
Tous deux baissent la paupiere
Eblouis par la lumiere
De nostre Auguste Soleil.

Mais ô Ciel ! à quoy m'engage
Le beau feu que je ressens,
Muse, changeons de langage,
L'objet offusque mes sens.
Grand Roy pardonne à mon zéle,
Dont la plus vive étincelle
Oze éclater à tes yeux,
En voulant tracer l'image
D'un Prince qui dans nostre âge
Surpasse les Demi-Dieux

Souffre pourtant que ma veine
Exprime dans son ardeur
A Colbert comme à Mècence,
Tous les traits de ta Grandeur ;
Qu'à ce Ministre si sage
Elle offre ta vive image,
Que j'ay tracée aujourd'huy
Pour mieux luy faire connaistre
Dans l'objet d'un si grand Maistre
Ce qu'on doit juger de luy.

C'est

C'eſt toy, Miniſtre fidelle
Du plus grand de tous les Rois,
Heureux COLBERT, dont le zele
Signale tous les exploits,
C'eſt toy qui rends noſtre France
Une ſource d'abondance,
Et qui chaque jour fais voir
Par l'effet de ton genie,
Que la Grece & l'Italie
Nous cedent tout leur ſçavoir.

Tandis que noſtre Alexandre,
Qu'avec tant de ſoins tu ſers,
Par ſa valeur va ſe rendre
L'Empereur de l'univers.
Ton eſprit qui le ſeconde,
Semble parcourir le monde
Pour enrichir ſes Eſtats,
Et donner à ſon Empire
Les merveilles qu'on admire
Dans les plus heureux climats.

C

Tout cede à ta connoiſſance,
Il n'eſt point d'Art aujourd'huy,
Dont ta vaſte intelligence
Ne ſoit la regle, & l'appuy :
Tout ce que l'eſprit anime,
Tout ce que la main exprime
De riche, d'induſtrieux,
Et de ſçavante maniere,
N'a point ſa beauté derniere,
Que lors qu'il plaiſt à tes yeux.

Enfin je ne ſçaurois dire
Dans ma foible expreſſion
Ce que cet heureux Empire
Doit à ton invention ;
La nature, & la fortune
Cerés, Minerve, & Neptune
Sont comme autant de témoins,
Que l'on ne voit rien paraiſtre
Digne des yeux de ton Maiſtre,
Que par l'effet de tes ſoins.

Tu le sçais Peintre admirable
* Fameux Prince du dessein,
Toy qu'on voit inimitable
Par ton genie & ta main ;
Tu sçais que toute la France
Luy doit la magnificence
De cent projets inoüis,
Dont parlera nostre histoire
Comme de la juste gloire
Qu'on doit au choix de LOUIS.

Toy que cet Auguste Maistre
Estime, & cherit si fort
Et que le ciel a fait naistre
Pour un si glorieux sort ;
Grand Apelle de nostre âge,
LEBRUN, soustien le courage
Qui m'anime en cet écrit ;
Et puisque j'ose entreprendre
D'ebaucher ton Alexandre
Daigne guider mon esprit.

* Mr. Lebrun a receu de Rome la qualité de Prince du dessein, dont les Peintres d'Italie honorent celuy qui dessigne le mieux, qu'ils disent en leur Langue, il Principe d'el disegno.

C ij

Quelles glorieuſes marques
De ton vaſte & grand ſçavoir
A ce premier des Monarques
Ne ſçais tu pas faire voir ?
Combien de mains empreßées
Aprés ces hautes penſées,
Que ton crayon leur fournit,
Nous font voir par leur adreſſe
D'un Roy l'immenſe richeſſe,
Et celle de ton eſprit.

L'Art n'a rien de magnifique
Qu'il ne doive à ton employ,
Et que ton eſprit n'applique
A la pompe de ce Roy ;
L'or, le jaſpe, & le porphire
Peuvent à peine ſuffire
A tes projets les plus beaux,
Qui par cent doctes manieres
Font que toutes ces matieres
Le cedent à tes travaux.

Tout ce que l'Architecture
Produit de grand & de beau,
Et tout ce que la Sculpture
Met au jour par le cizeau ;
Tout ce travail magnifique
Et de moderne, & d'antique,
Que l'on voit en mille lieux,
Ne font-ce pas des merveilles
Que tu tires de tes veilles
Pour le plaifir de fes yeux ?

Quelle eft la maifon Royale,
Qui parmy fes ornements
A ta loüange n'étale
Tous fes enrichiffements ?
Ne voit-on pas dans Verfailles,
Où fans ceffe tu travailles,
Des beautez dignes de toy,
Qui nous donnent à comprendre
Qu'il faut pour les entreprendre
Ton genie, & ton grand Roy ?

Floriſſante Académie,
Mere, & nourrice des Arts,
Dont la gloire eſt infinie,
Et ſemée en toutes parts,
Digne Corps, Troupe ſçavante,
Que ta gloire eſt éclatante,
Et ton bonheur peu commun !
Lorſque ſur tant de merveilles
Tu peus preſter les oreilles
Aux entretiens de LEBRUN.

Preſte-moy, docte Maiſtreſſe,
Source d'eſprits excellens,
Son Art, ſa main, ſon adreſſe,
Et tous ſes rares talens ;
Fais-moy part, Troupe admirable,
Du ſçavoir incomparable,
Dont il charme les eſprits :
Et par ce ſecours ſuprême
J'exprimeray par luy-meſme
Un homme de ſi grand prix.

Mais où va, Muse guindée,
Ton essor si relevé ?
Pretens-tu tracer l'idée
De ce Genie achevé ?
Non c'est en vain te contraindre,
Tu ne peus jamais le peindre,
Que dans un jour imparfait,
Dis pour mieux te satisfaire :
LEBRUN à LOUIS sçait plaire,
Et tu finis son portrait.

PAUL MIGNARD.

9 782019 953010